Lyrik von heute
vonDADA
bisGAGA
Fuhlo Wackelbart

Titel: von Dada bis Gaga – Lyrik von heute
Autor: Fuhlo Wackelbart
Herausgeber: Christian Hablützel
Verlag: Lachdichgesund GmbH, CH-8004 Zürich
Buchgestaltung: Gianni Bertossa
Lektorat: Nadja Frey-Denzler
Herstellung & Vertrieb: BOD – Books on Demand, D-Norderstedt
ISBN 978-3-9524673-0-5

1. Auflage 2016

Fuhlo Wackelbart

Geboren 1960 in Ostdeutschland in eine Bäckersfamilie. In der Jugend feindete er sich mit der FDJ an, wurde vom Staat bespitzelt und mehrmals wegen rebellischen Verhaltens in Gewahrsam genommen. Mit seinem selbst gegründeten Club „die Katze“ grub er sich 1978 einen Tunnel unter der Mauer hindurch. Bei der Aktion konnte er mit 6 Freunden in den Westen fliehen. Zwei seiner Freunde wurden auf der Flucht erschossen. Nach seinem Studium der Fluschosophie und Trullatorik verliess er Köln und bereiste den Erdball, bevor er seinen Wohnsitz in Barcelona fand. Er erwarb den Doktortitel in Insultantrischer Trullatorik, gründete in Lifretey im Inselstaat Gibbrisha das Institut für Suflysprech, erfand die Technik der Kluwuzaflik und lebt heute von den Tantiemen. Nach seinem Burnout war er von 1990 an als Animator bei einer spanischen Hotelkette tätig, arbeitete als Gefängniswärter und war 5 Jahre lang der Manager der legendären Punkband „The Yellow Pigstinkers“ und weltweiter Deo Lieferant. 2010 überlebte er wie durch ein Wunder ein Schiffsunglück in der Antarktis. Durch seine Nahtoderfahrung erwachte Wackelbarts Kreativität, die er als Kunstmaler und dadaistischer Poet der Neuzeit innig auslebt. Er ist Vater von mindestens 17 Kindern, die auf 3 verschiedenen Kontinenten beheimatet sind. Mit seiner Lebensgefährtin Susi lebt er in einem Wohnwagen in den Schweizer Alpen und in Montenegro.
Sein Wunsch ist es heute, aufgrund seiner eigenen traumatischen Erlebnisse, mit seinen Texten Ignoranz, Stress und Humorlosigkeit bei den Menschen zu durchbrechen und ihnen etwas Verrücktheit, Lachen und Offenheit zu schenken.

Inhaltsverzeichnis

Sowas

Es war einmal ein Sowas.
Das zülpte wie ein Etwas.
Es brauchte keine Schemas
und kannte keine Themas.
Weil ich auf den Sofas
bereits schon mal davon las,
dachte ich: na sowas
mach ich sicher niemals.

Wadli Wutz

Firli Warz flur watzli Flurz
Furumpi fampi fugi.
Warziri Flarz wurl fludli Waz
Wuflumpi wadli wudli.
Fur wurli Wutz, fim Fludlo wum
Wufludi fladi flutz.
Wu Fludlo Flutz, fliz Wudlo fum
Fluwudi Wadli Wutz!

Ritt ohne Zügel

Prügel, der Bügel,
der ritt ohne Zügel.
Am Hügel beim Gügel,
da roch die Magügel
den Düdel vom Prügel,
da tulpten ihr Flügel.

Ich bin...

Ich bin verwackelt,
das Obst schreit um Hilf!
Wie pflanz ich ein Ufo
im pink-blauen Schilf?
Ich bin verweht,
zähle nur noch bis Drei.
Was turteln die Löffel
sich Heringe frei?
Ich bin so viele
und streichle den Rest.
Wann sitzen die Berge
im Kuckucksnest?
Ich bin im Grunde
im Schaum verwurzelt.
Wo find ich die lichtscheue
Möhre, die purzelt?
Ich bin berieselt
von lustvollem Quark.
Wie tanzt sich mein Glühwein
im Sommer noch stark?

Es ist mehr

Es ist mehr
als der Wind verweht
Es ist mehr
als hüpft und steht
Es ist mehr
als schneidet und mäht
Es ist mehr
als zugenäht
Es ist mehr
als wenig konkret
Es ist mehr
als kommt und geht
Es ist mehr
als ewig dreht
Es ist mehr
als schnell vergeht
Es ist mehr
als je Einer säät
Es ist mehr
als eigentlich geht
Es ist mehr
das gerne tät
Es ist mehr
als komm doch mal her
Es ist mehr
und doch nicht so schwer
Es ist mehr
und trotzdem fair
Es ist mehr
und gibt etwas her
Es ist mehr
Ich liebe es sehr

Was, Wo, Wie?

Was tauchen die Socken
durchs karge Land?
Wo trödeln die Gurken
vor Ehrgeiz im Sand?
Wie flattern die Flöten
im bauchdicken Rot?
Wer flirtet mit Honig-
und Butterbrot?
Was knabbert sich
durch Mark und Bein?
Wo ist die Güte stubenrein?
Wie kneifen die Blüten
die Sehnsucht im Wind?
Was färbt die Klarheit
im rostigen Kind?

Oh, wie schade

Eine Marmelade,
oh, wie ist das schade,
fällt auf eine Wade,
nimmt darauf ein Bade,
pfeifft eine Ballade,
läuft dann schnurgerade,
auf einem schmalen Pfade,
das bei Minusgrade
auf der Promenade,
direkt zur Maskerade,
da gibt es Limonade,
die ist ihr zu fade,
sie findet's jammerschade,
kriegt eine Blockade,
bittet Gott um Gnade,
und eine neue Dekade.

Schabernack

Die Lampe brennt,
das Zelt steht fest.
Es gurren die Motoren.
Der Schabernack
schläft längst im Nest.
Es duftet nach Folklore.
Die Tröte trommelt sanft ein Lied,
kein Smartphone kann es riechen.
Wer schlimmer Döner kneten darf,
kann nur noch Löcher kriechen.

Trampel Bampel

Ich bin dein Fudeldudelrich,
dein Trampel Bampel Geier!
Ich floppe foppe jugendlich
und schütze unsere Eier!
Ich bin dein knudel schrusel Wutz,
dein ofenfrischer Weichler!
Ich hüpfe schlüpfe unter Dich
und muschle mich zum Streichler!
Ich bin dein Twitter Twatter Specht,
dein Reizpedal beim Schunkeln!
Du wedelst froh im Affenbaum,
drum will ich frisch Furunkeln!

Gugeli fluh

Wusel dusel Schnusel spliz
fimpli duri Hoslaschiez
Kaschla wampla kofli tu
mik schagiri fudlü schruh
Pefli pefki nüdlu Hopsi
Hip hop hüldi köldi Fopli
Nikri nakri nu fuh paah
bla bla takla Mutschlisa
Güferli Schnüderli übrüdü
fok fik fogli Trümpeli düh
Haschti paschti humsi wu
Sobo bobo Gugeli fluh!

Fragen

Knabbern sich die Armleuchter
Löcher in den Bauch?

Flüstern Aktenkoffer im Urlaub auch
viel Rauch?

Schwitzen welke Bohnen
sich endlos jugendfrei?

Kitzeln sich Vermummte
als Türvorsteher frei?

Fiebern Morgenmuffel bei Leermond
stets im Chor?

Kommt der Fuflupuflido im Lexikon
auch vor?

Dudla Tü ta ta

Es zirpt die Dudla Tü ta ta
und foppt die traute Weide.
Kuschelt die Parole wild,
da frisst der Bote Kreide.
Nun wächst kein Freudefrass daher,
der Grössenwahn muss platzen.
Ein Ladenhüter muss jetzt her,
sonst wird das Fernweh schwatzen.
Es schreit „kra kruh, kri krugli kross“
und fällt dem Dudla Tü ta ta...
– unverzüglich auf den Schoss!

Liebe

Kommst du mit mir Türen wackeln?
Rülpst du mit mir wandlungsfrei?
Hilfst du mir die Fackel dackeln?
Kneifst du meine Socken high?
Neckst du mir die Wanderlappen?
Zappelst du den Mainstream fett?
Kannst du die Attrappen schnappen?
Betest dich adrett im Bett?
Krötest du mich Kot und Kragen?
Wandelst meine lichterloh?
Aus dem Sand will ich dir sagen,
Ich würze lieber auf dem Klo!

Getippe

Zippen zappen Suppen
Suppen zappen zippen

Sippen schnappen Schuppen
Schuppen schnappen Sippen

Rippen rappen Puppen
Puppen rappen Rippen

Grippen klappen Truppen
Truppen klappen Grippen

Lippen tappen Kuppen
Kuppen tappen Lippen

Tik tak Tik tak

Es hing ein junger Geiger
an einem Uhrenzeiger.
Die Uhr, die tackelt...

Tik tak Tik tak

Der Kirchturm wackelt.
Plötzlich ist es still.
Weil die Uhr nicht mehr tackeln will.
Der Geiger fängt nun an zu rackern.
Er will die Töne selber tackeln:

Tik tak Tik tak Tik tak

Doch ihm geht die Stimme aus.
Froh macht das die Kirchenmaus.
Da kommt ein Provider
und hilft dem Geiger.
Jetzt tackeln sie in Dyade:

Tike take Tike take Tike take

Vegan

Ein veganer Fleischkadaver
geht in einen Streichelzoo,
schweigt sich in ein Wortpalaver,
doch Oma hört den Enten zu.
Plötzlich rülpst er Tofubohnen,
Enten fuchteln zart herbei.
Und sie furzen wie Kanonen,
aus dem Po ein Flegelei.

Klarheit

Dominant
im Apfelstrudel,
spürbar pikant,
pflanzt sich dazu.
Hüllenlos schämt sich
die Zwiebel,
im duftend derben
Wanderschuh.

Prosit!

Wakla gikla Furliputz
Scho guh scho gah Lakritz

Hukla pikla Nurliwuz
Poschluh posch lawi Sitz

Schikli schakli Quaschipo
Flo flu flo flah fatal

Wibli wabli Foprowoh
Nok nuk nok nak egal

Lura lira Punggiwoz
Ho schi ho scha Transit

Plupa plipa Wakliproz
Ko ki ko kah Prosit!

Die Masche

Die Flasche hat eine Masche.
Sie flascht beim flaschen
die Tasche.
Würde die Flasche naschen,
könnte sie Aschen erhaschen
und an den Gamaschen sich
waschen.
Nur Flaschen ohne Maschen
brauchen keine Taschen,
um die Welt zu überraschen!

Gut tut gut!

Es befreit,
wenn ich Quanten pfeifen sehe

Es gedeiht,
wenn ich lauter Fürze nähe

Es tut Mut.
wenn ich Käsekuchen esse

Es trägt Hut,
wenn sich Glatzen Wege fressen

Revolution

Der Witz im Brot steht längstens fest.
Es brüllen die Fäkalien.
Sie holpern durch das Wolkenschloss
und landen in Australien.
Was nun geschieht, weiss niemand
mehr,
die Flöten taumeln im Schweigen.
Wenn Der, wenn Das im Gross und
Klein,
die Zarten werden`s schreiben.
Und was die Möbel wachsen lässt,
ist lauter Lumperei.
Erwach und wasch die Sehnsucht rein.
Sie ölt die Plauderei.

Vogelwarte

Ein Gurkensalat am Wanderpfad
tanzt Samba dünn und dick.
Wer immer das zum Zehen weht,
erbost den Zaubertrick.
Das grübelt jeden Männerchor
im dunklen grünen Moos.
Wer dies nicht weiss, kriegt keinen Mais
und fragt sich, was ist los?
Dass kein Erpel schwanger fliegt,
weiss jedes Megaphon.
Doch wer Trompeten sausen lässt,
fliegt eben selbst davon.
Nur so wird klar am Wanderpfad,
was tanzen frisst und lacht.
Doch niemand ist davor gefeit,
wenn Samba Tulpen kracht!

Erkenntnis

Kein Stall macht Salat
um die Klaustrophobie,
wenn Nesselblumen backen.

Kein Pianist
zwingt Zwiebeln im Hund,
wenn Klangfossilien zwacken.

Kein Hochformat
macht den Spagat,
wenn hungrige Floskeln necken.

Kein atomarer Purzelbaum
kann Honigrinde schlecken!

Nichts

Nichts im Jetzt ist nichts im Heute.
Nichts kann alles und nichts bedeuten.
Nichts ist immer an der Macht,
wenn nichts geschieht bei Tag und Nacht.
Nichts ist weder laut noch still.
Nichts entsteht, wenn Nichts gern will.
Nichts ist nichtig, jederzeit.
Nichts wächst auch, wenn nichts gedeiht.
Nichts gibt's nicht,
weil Nichts nichts bringt.
Nicht ist nichts, was Nichts umringt.
Nichts macht nichts und das macht nichts.
Um nichts geht's schliesslich im Gedicht.

„Rapido“

Das Trasoplan ist illegal,
drum triumphiert es eben.
Es züngelt butterscharf die Nacht
und wedelt stark beim Kleben.
Das Trasoplan ist immer da,
wenn Mücken Tücken furzen.
Nur so wählt jeder Trasoplan,
die Langen, wie die Kurzen.
Wer Trasoplan im Mondlicht hört,
wird durch die Nähte gurken.
Darum ist es sehr beliebt bei
Hirschen und bei Schurken.
Hast du Trasoplan im Schuh,
so lass es Bräute singen!
Dann nimmt das Trasoplan gar zu
und du darfst Lücken schwingen!

Fop mi

Kik mi kuk mi kafli
Zuk mi zik mi zafli.
Kafli kofli zikli
Tiptap tupli Tippli.
Fik mi fuk mi fop mi
Rap mi rupli Roppi.
Zak pak rufli kak!

Weisheit

Fliegt der Esel
aus dem Teich,
wird der Bettler
plötzlich reich.
Fliegt der Esel
dann zurück,
verliert der Bettler
all sein Glück.

Worte eines Mannes

bla bla **bla** bla bla bla bla bla bla
bla bla bla bla bla bla bla bla **bla**
bla bla bla bla **bla** bla bla bla bla
bla bla bla bla bla bla bla bla bla
bla bla bla bla bla bla bla bla bla
bla bla bla bla bla bla **bla** bla bla
bla bla bla bla bla bla bla bla bla
bla **bla** bla bla bla bla bla bla bla
bla bla bla bla bla bla bla bla bla
bla bla bla bla bla bla bla **bla** bla
bla bla bla bla bla bla bla bla bla
bla bla bla bla **bla** bla bla bla bla
bla bla bla bla bla bla bla bla bla
bla bla bla bla bla bla bla bla **bla**

Worte seiner Frau

bla bla bla bla bla bla bla bla bla
bla bla bla bla bla bla **bla** bla bla
bla bla bla bla bla bla bla bla bla
bla bla **bla** bla bla bla bla bla bla
bla bla bla bla bla bla bla **bla** bla
bla bla bla bla bla bla bla bla bla
bla bla bla bla **bla** bla bla bla bla
bla **bla** bla bla bla bla bla bla bla
bla bla bla bla bla bla bla bla **bla**
bla bla bla bla bla bla bla bla bla
bla bla bla bla bla bla bla bla bla
bla bla bla **bla** bla bla bla bla bla
bla bla bla bla bla bla bla bla bla
bla bla bla bla bla bla **bla** bla bla

„Roman Tieck“

Es strubbeln die Haare
der Echse im Wind.

Begeistert flüstern
die Nüstern blind.

Die grasroten Wiesen
fliessen ins Tal.

Vergnügt ruft das Schweigen
die Götter zum Gral!

Gross

Die rastlose Ruhe
entspannt sich im Stress.
Die Zuwiderhandlung
wird ordnungsgemäss.
Das Grosse wirkt klein
und kommt, weil es geht.
Das Wesen liegt,
indem es steht.
Wesentlich bleibt,
was wissentlich flieht.
Das Wissen weiss nicht,
wie ihm geschieht!

Muschi Gööf

Kusch di Musch,

fasch lasch mi gasch.

Wisch fischmi wuschli wohs.

Misch Müligüsch

gosch zimli trasch

Fieh limpi nufmi schoos.

Jaflati tuh,

kusch Muschi Gööf

Zim plifi tufi tafli.

Kasch mi fi grosch,

dum Düseli dei.

Wosch wifli zurri Zabli?

Allerlei Brei

Ein Känguru mit pinken Schuh,
das machte „Muh“ wie eine Kuh!
Da kam ein Philosoph dazu
und hüpfte wie das Känguru.
Die Kuh, die sah dem Treiben zu
und dachte sich, was macht die „Muh?“
Schliesslich bin doch ich die Kuh!
Da kam das Känguru zur Ruh
und sah dem Philosophen zu.
Es dachte laut „nanu?“
Du bist ja gar kein Känguru!
Der Philosoph, der gibt es zu,
nun brüllen alle drei laut „Muh“
und schliessen ihre Augen zu!

Francis

Was krümelt die Monster
den Unsinn in dir?
Im Panzer der Muskeln, es juckt.
Dein Sofa tanzt schräg aus dem
Winterquartier.
Schon hat sich das Echo verschluckt.
Was gammeln die Glocken,
zerstritten im Glas,
wenn dein Galopp sich rasiert.
Es rasseln die Suppen
durch rotblaues Gras...
nur du glaubst,
es sei nichts passiert!?

Dialog eines Smartphones

Haallo! .... ja ... aha! ... ja ...okay ...
aha ... ja .... jaa! .... mhm...... ja ...
cool! ... aha... hm.... ja, ... stimmt!
Ja... mhm... ja ... ja, klar... mhm...
...Hallo?! ... ??? .... Bist du noch
da?
... ??? ... Hallooo!!! ... Ah... ja ...
ja...
hm ... mhm ... verstehe ... ja ... hm
... ja ... ja ... ja ... mhm ... klar! ... ja
okay ... ja ... hm ... ja ... aha ... ja ...
... mhm ... ja ... ja ja ... cool!
...mhm

Ja ... ja ... mhm ... ja ... ja ... ah ja? ...

Glück

Keim den Reiz im moordichten Blau.
Ich tanz die Wunder am Schnäuzchen.
Weil ich Wellen furzen schau,
schnuppern Birken am Häuschen.
Die Hemmung tanzt die Lippen wund.
Es brodelt meine Geige.
Gründlich mundet mir kein Grund,
wenn ich dir Plunder zeige!
Zärtlich nudelt der ruppige Wind,
die Wogen runzeln das Schweigen.
Bärtig versteckt, was Rosa verspricht,
das Lichtermeer will ich besteigen!

Diaphragma

Lappalien
ziehen ahnungslos ihre Kreise.
Keiner versteht,
keiner geht.

Repressalien
vollkommen im Geiste,
völlig verdreht,
in einem Gebet.

Städtereisen,
sortiert nach Terror und Preisen,
wecken den Hund,
verschwinden im Schlund!

Rischtisch!

Wer Tuk sagt, muss auch Pok machen.
Wer Pok macht, darf auch Tuk sagen.
Wer Pisch denkt, muss auch Fosch fühlen.
Wer Fosch fühlt, darf auch Pisch denken.

Das gehört sich so. Das soll so sein.
Nur Fak fik Fuck, das darf man nicht!
Aber Fosch darf man.
Und Pisch darf man.
Oder Tuk darf man.
Auch Pok darf man.

Tuk ist gebührenfrei und versteht mich.
Pok kostet mich nichts.
Fosch will ich… unbedingt!
Und Pisch… ja Pisch ist rischtisch!

Du da

WARUM DU DA?
WARUM NICHT DIE DA?
DIE DA KANN WIE DU DA!
PRIMA, IST DIE DA.
DANN KANN DA DU DIE DADA!
DU DA? AH JA! DIESES KLIMA!
DA DU DU DU! DA DA DA DA!
DIE UND DU UND DU UND DIE.
DIE DUSEL DIE DASEL DU DISEL!
DU UND DIE, ES GIBT KEIN WIE.
DA DIS DIE DAS DIE DUS.
JA DU! DU DISELDIDASEL DI DU!
JUHU DU DU! DU DAS DIDEL DIS.
DU DA DIE DA, DADA GAGA!

Der Vogel

Es war einmal eine Eule.
Die würzte auf und ab.
Am Ende war sie schusselig,
ihr Rock hing schief und schlapp.
Der Kondukteur erklärte ihr,
wie Sommersprossen keimen.
Da zog sie ihre Federn aus
und fing gleich an zu reimen.
Den Paparazzis war der Auftritt
einfach viel zu laut.
Da hat sie sich das erste Mal
das Flüstern zugetraut.
Jetzt reicht man sie durchs Alphabet
und wundert sich in Chören.
Ein jeder will nun ihren Reim.
mit Spargelfilet hören.

Wettkampf

Die pampel Girampel flott zilli.

Der Lakratuf drippelt Lomprilli.

Ein Wigerflö watet tum kratet.

Das Schnafliduh zopri di schnaket.

Der Wüfüll wuh wufri tum pfudri.

Die Gagöx kuschri fil schnudri.

Das Raktalapfui grifft zappla Gamuk.

Ein Hüdlüwü püfti pam kuschli Amok!

Genau

Spürbar athletisch,
improvisiert der Schaffner
seine Grasmatte gegen Osten.
Kein Wind im Tritt.
Nur Zirpen zarpen im Platten.
Was fachsimpelnd in die Krone
steigt, wird zurück gejodelt.
Stille wird laut geschaukelt.
Heute und Morgen.
Auch ohne Gras.

Lied

Das ist die grösste Katastrophe
Ich sing die kurze, doofe Strophe

Ref.
Ref Refrain - short with pain
Ref Refrain - short with pain

Kein Dadaist, kein Philosophe
Versteht das Lied und diese Strophe

Ref.
Ref Refrain - short with pain
Ref Refrain - short with pain

Das ist die grösste Katastrophe
Ich sing die kurze, doofe Strophe

„Knüsel düsel“

Die schalken Nüstern zucken,
das Frühstück fällt vom Bett.
Wenn alle Leute gucken,
so ist das doch ganz nett.
Die Rosenblüten jodeln
im Rudel viel zu leis.
Wenn sie nicht lauter werden,
versteht sie doch kein Greis!

Klartext

Die reziproken Hemmungen
verlieren skurrile Strophen der Weisheit.
Deshalb flunkern Zitate
quer zur diametralen Symmetrie.
Es bleibt beim Delegieren der Silhouette,
bei einer unentgeltlichen Attrappe des
Widerspruchs.
Nur die Technologisierung der astralen Eruption
humorisiert die flüsternde Wissenschaft
in die globale Revolution der keuschen Instanz.
Die widerlegbaren Konsequenzen:
Der Algorithmus radikalisiert die vulgäre Tradition
und multipliziert wankelmütige Induktionen nach
dem Zufallsprinzip.

Schadenersatz?

Es war ein Toast Hawaii,

der rauchte Mückenspray.

Er platze aus den Nähten

und musste lauthals beten.

Es platze ihm der Kragen,

nun muss er ohne klagen

„lulu dulu dala“ sagen!

Wenn der tote Hahn wiehert

Flodi ist ein Dodi.
Er ruckt durch das Strassentheater.
Zweite Türe links.
Präsenz ist die vergessene Pastete.
Immer heiss gekrönt,
mixt die Braut ihr Abendkleid.
Mach die Tür zu!
Im Rampenlicht trifft der Schatten.
Ohne Gnade!
Die Nebenbuhler flunkern und der tote
Hahn wiehert den letzen Blues.
Mach die Tür auf!
Das Tor zum Brunnen ist frei.
Bald spielen Alte und Junge.
Flodi ist kein Dodi mehr.

Rezept

Schwupp di wupp, dam dumm di du!
Was lockt die Bärte auf und zu?

Zibli zabli, zim zam zum!
Warum macht zappen ziemlich dumm?

Schubi du bi, du bi dua!
Wie kocht man frisches Pyama?

Plip plam plum, di Dudel dam!
Was ist das für ein Kinderkram?

Gigi gagli, schnik schnu schnak
Das ist einzig Schabernack!

Ziki zaki, zik zak zek
Es ist frei von jedem Zweck!

Was

Wo ist das Was?
Was ist den das?
Das ist fast wie...
Wie eher wer!
Wer kommt von wo
und wie daher?
Was soll das den?
Wie kann das gehn?
Wo soll das Was
am besten stehn?

Vergänglich

Neugierig twittern.
Die Weizenfelder zittern,
im Mondlicht erwacht.

Das Nichts ist umzingelt,
die Wäsche geringelt,
so eben gemacht!

Die Seife klebt,
die Lust verebbt,
am Vorhang der Zeit.

Die einen vergessen.
Die anderen stressen,
und zappeln sich breit!

Wippen

Ich wippe da und wippe dort.
Es ist egal! Ob dort oder da.
Wenn ich dort bin, bin ich eben fort.
Wippe eben dort, an einem andern Ort.
Doch bin ich da. Wippe ich natürlich da.
Ich kann auch wappen, oder woppen.
Wappen und woppen kann ich da und dort.
Wie wippen! Wappe ich, wippe ich nicht.
Dort oder da. Wippe ich, wappe ich eben nicht.
Wappen und woppen kann ich dort, wippen
und woppen kann ich da. Ich kann aber auch
dort woppen und wappen und da woppen und
wippen. Wopp wapp wopp wipp!
So wippe ich, bis ich wappe. Wipp wapp!
Beim Wappen, will ich manchmal wippen.
Wapp wipp!
Wippe ich, will ich manchmal lieber woppen!
Wipp wopp! Dann woppt und wappt es. Wopp
wapp! Dort und da woppelt und wappelt es.
Wopp wapp – Woppel Wappel!
Wippel di wappel di wupp. Wapp Wuppel
wappeln wipp wupp wapp! Zappeln, wappeln
dort, woppeln wippeln da!
Wir wuppen das!

Gelingen

Wie eine Ballerina...
tanzt der Kummerspeck
über das Deck, ganz ohne Zweck.
Er macht das prima.

Die weise Zeitlupe...
reibt die Lippen,
bevor sie kippen, über die Klippen.
Leise Sternschnuppe.

Um Mitternacht...
erwacht die Morgenstunde.
Die Kunde, macht die Runde.
Es lacht.

Geburt

Es war einmal ein Troubadour
im Lande der Aprikosen.
Er flatterte oft stundenlang
mit seinen grauen Hosen.
Zog er seine Achseln hoch,
verlor man die Kontrolle,
denn wenn er sang,
da stank es stets,
nach frischgebratener Wolle.
So kamen Gäste von weit her,
um diesem Kult zu frönen.
Bald gab es einen Wettbewerb
im laut und hässlich Stöhnen!
Die Stimme war geboren.

Religiöser Alltag

Das Kondom bloggt unentwegt.

Es lüftet seine Schrauben.

Wenn der Pfarrer Birnen sägt,

verliert er seinen Glauben.

Schlägt er einen Nagel ein,

wachsen die Motoren.

Zeigt die Nachbarin ihr Bein,

beleben ihn Photonen.

Hochkonjuktur

Ein Plagiat im Hochformat

triumphiert mit dem Spagat.

Reizt die Brut im Flipperkasten,

will geklonte Lüfte tasten.

Schreit laut nach Besonnenheit,

zappelt froh im Bart der Zeit,

wirbelt Viren atemlos

und schämt sich dämlich

auf dem Schoss.

Wen das wundert, klemmt im Garten,

kann nicht auf die Antwort warten!

Freude freunden

Ich freue mich!
Ich bin befreundet.
Befreundet mit einem Freund,
was mich freut.
Ich hab mehrere Freunde.
Viele Freunde, die mich freuen.
Mit den Freunden von den Freunden
bin ich ebenfalls befreundet.
Was mich freut; - ich bin betreut!
Die Freunde von den Freunden meiner
Freunde, können noch meine Freunde
werden.
Das freut mich, denn Freunde von den
Freunden, die wiederum Freunde haben,
von denen ich noch Freund werden kann,
freuen mich besonders!
Friede - Freunde - Facebookkuchen!

Mensch

Treue Bohnen halten länger,

kneifen jeden Wind entzwei.

Anders sind die Doppelgänger,

foppeln sich durch jeden Brei.

Nur die lauten Rutengänger

schwitzen einzeln unterm Tisch.

Darunter liegen treue Bohnen,

halten sich beim Zappeln frisch!

Internet Safari

Es raupelt die flurscheue Kraue daher
und wackelt das noklophe Froch.

Die plufrugen Freschen veräppeln sich
blind und flurzen das wollfrige Loch.

Bubroge Stribitzchen köddeln sich blöd.
Wuh düdeln sich krazwazri kusch.

Wenn kopprig die Jöfelswo fludöli bloggt
Kisch rasli flum Baschli schlu rusch!

Rufti Babla

Furuggi zakla Chrasa
Dam dusli dasli Fasah
Moz gori plinngi Woh
Ki kopla hopsla schro
Waz guri pfuri tumms
Piz Schnufli tufli wums
Tuu fruckli flokli mokk
Salinggi pinngi schok
Babla plum pik Basla
Ulampi plampa rasla

Transformation

Es ergötzen Jammerstrahlen
durch die Nacht das triste Blau.
Peter steigt in seinen Wagen
und Frau Meier kocht ein Ei.

Der Kompost jauchzt in den Hafen
und die Konjuktur macht schlau.
Peter darf den Rucksack tragen,
seine Frau schleckt Apfelbrei.

Weite Sicht kann Pausen knacken,
kommentiert ein Journalist.
Peter will'nen Reim aufsagen
und seine Sohn wird nun Buddhist.

Tage wie diese

Tage wie diese
vertümpeln im Gras.
Sind hochschwanger fiese,
zerbrechen wie Glas.

Tage wie diese
zergehen im Mund.
Beschwören die Krise
und streicheln den Hund!

Die Predigt

Oh wehe; dem mündig furzenden Proleten, dem wachstumsorientierten Shampoo in dir! Objektiv verklebt, der Handschlag die Sicht auf die Dämmerung. Diese zwanghaft gestikulierende Schelte verstaubt durch die gebührenpflichtige Garbe der Zweisamkeit. Darum obsiegt einzig die vertraglich bedingte Sünde des Protagonisten, um die dezentralen Künste im Weihwasser zu kuscheln. „Was borniert uns das," fragen antizyklopädische Fossilornamente im schlüpfrigen Atemweg! Sie wissen die kosmopolitische Haftpflicht nicht zu stimmulieren. Stattdessen eitert die zwielichte Freizügigkeit im Hüpfen durch Raum und Zeit! Ich glaube nicht an posierende Hämorrhoiden mit Totenschein. Die Frage nach dem Bumm mobbt graziöse Flundern in dir wach. Hör auf die wackligen Flöten und kneif deine Zähne in mollige Socken. Nur so erzeugst du wahre Suggestibilität in entschlackender Resonanz mit der heiligen Zwittermühle der Zeit.

Die Luft ist rein

Mein Sofa schwitzt.
Ich weck mich blind.
Mein Puls befruchtet müde.
Der Schatten sitzt,
da Wünsche sind.
Beflügelt bin ich prüde!
Die Zwiebelkuchen sind gesät,
ich küss die schönen Kröten!
Zieh' mich selber aus dem Lot,
nun muss ich endlos flöten.

Lang und breit

Ich treib und schreib.
Bleib breit, im Leib.
Ich untertreib,
wenn ich verbleib.
Das Weib, dem ich
die Füsse reib,
bleibt ein Hype,
ganz ohne Skype,
im Unterleib!
Was geht, das bleibt,
aus Zeitvertreib…

Dies und das

Es ist mal dies, es ist mal das.
Der Schnee liegt an der Küste!
Ein Smartphone kuschelt
Räder ins Gras,
wenn das die Alte wüsste!
Durstig ist die Nabelschnur,
sie trommelt mit der Gurke.
Wer artig seine Haare zählt,
der ist noch lange kein Schurke!
So kommt es, dass ein Dadaist,
nach – dies und das –,
ganz gaga ist!

Trophologie

Der Erpel sitzt im Zugabteil
und knotet eine Biene.
Der Fehlalarm macht Mücken warm,
versteckt die Mandarine.
Die Wirkung, die das Grab verspricht,
macht müde Lumpen munter.
So schwimmt der Philotrilomat
und taucht bestimmt nicht unter.
Kein dreister Pädagoge guckt,
die Wirbelstürme schnattern.
Nur trophoplaste Müffelei
will ohne Häme flattern!

Das ist gut

Berüsselt, mit einem Pudding.

Das ist gut.

Die Monitore blöken im Kreis.

Das ist recht.

Ein Apfelkuchen brumst.

Das ist fein.

Muskelkater bellen leis.

Das ist famos!

Entschlüsselt; ohne Pudding.

Ist auch gut.

Die Monitore zwitschern im Quadrat.

Das ist besser.

Der Apfelkuchen fehlt.

Wir trinken Honig!

Einsicht

Ein glamouröser Weizenpudding.
schwitzt im Fitnesscenter Blut.
Der Laptop faltet Blütenblätter,
Geschlechtsverkehr tut beiden gut.
So redet man im Augenschmaus
und lässt den Grill hausieren.
Wenn Insolenz das Kerbholz trifft,
bleibt nur das Onanieren.

Epilog in Tryade

Es tummelt sich Lyrik im wolfsdicken Schaf.
Wie winken die Brücken im Nest?
Der Krümel bummelt zickig im Schlaf.
So stinken die Krücken Asbest!

Es wirbeln die sorglosen Weichen voll krass,
der Wortschatz verbiegt seine Wogen.
Verändert das traurige Pflaster den Spass,
so hat sich die Wahrheit belogen.

Es schunkeln die satten Ratten voran.
Was zögert die wolkige Tüte?
Es munkeln die sauglatten Braten vegan.
da schwärmt aus dem Ofen die Güte!

Pro krabbli mi

Fagara Gagg
schra Salabra bumm.
La lufri kum sufri
fik Mischpiri summ.
Foschrapa kam lasch,
gim Rimmli hik pi.
Toflap morgo Zofli,
schis Wufli schu mi!

Lavabo

Die Sonne scheint kalt durch die Zweige

Der Stammbaum bläst auf der Geige

Der Sommer pflanzt eifrig Schnee

Im Winter wächst Knoblauch und Klee

Im Wasser da hoppelt ein Hase

Der Fisch der lümmelt im Grase

Am Himmel da schweben die Ziegen

Sie wollten einst lernen zu fliegen

Das Fett verbrennt

Wir sitzen im hellen Schattenlicht.
Was trösten uns grasgrüne Socken?
Eilend die endlosen Tage im Wind.
Es bocken Artischocken.

Die Turbulenzen im brotlosen Laub,
vermögen den Brocken zu schocken.
Glücklich surrt der blinde Staub,
er wird die Kirche rocken.

Wir sitzen immer noch im Land.
Es wirbelt unerschrocken.
Der Apfelstrudel ziert die Wand
und übertönt die Glocken!

Karussell

Die Birke auf dem Dach
denkt angestrengt:
„Knachrachafrrrchnochrr!“
Was geizt der Geist durch die
Löcher der Zeit?
Da hat sich der Reim in den
Ästen erhängt:
„Hischliffhidrgglischlihifgiff“
Und tritt im Quadrat die Ro-
senbete breit!

Motor der Tränendrüsen

Was googelt deine Jogginghose?

Sag, was sprayt dein Loch in dir?

Willst du Smoothie in der Rose?

Warum rülpst du denn mit mir?

Kannst du Taschentücher foppen?

Flickst du flinken Blumenkohl?

Zappelst du mit den Zyklopen?

Grinsen deine Schuppen wohl?

Wühlen deine Zwiebelzehen?

Quatschen dich die Löffel dicht?

Keifst du deine Pflicht beim Gähnen?

Bis die Narbe guckt und spricht?

Aha!

Wie wie wie
macht
die die die
denn
das das das?

Sie sie sie
macht
das das das
eben
so so so!

Aha – so so!

Wiederholungstäter

Sieh, da geht er,
der Wiederholungstäter.
Von Meter zu Meter.
Manchmal dreht er…
putzt mit der Feder,
das Karottenleder
der nackten Bäder
mit dem Barometer.
Viel netter – da steht er,
der Wiederholungstäter.
Wann geht er?

Facebook Lied

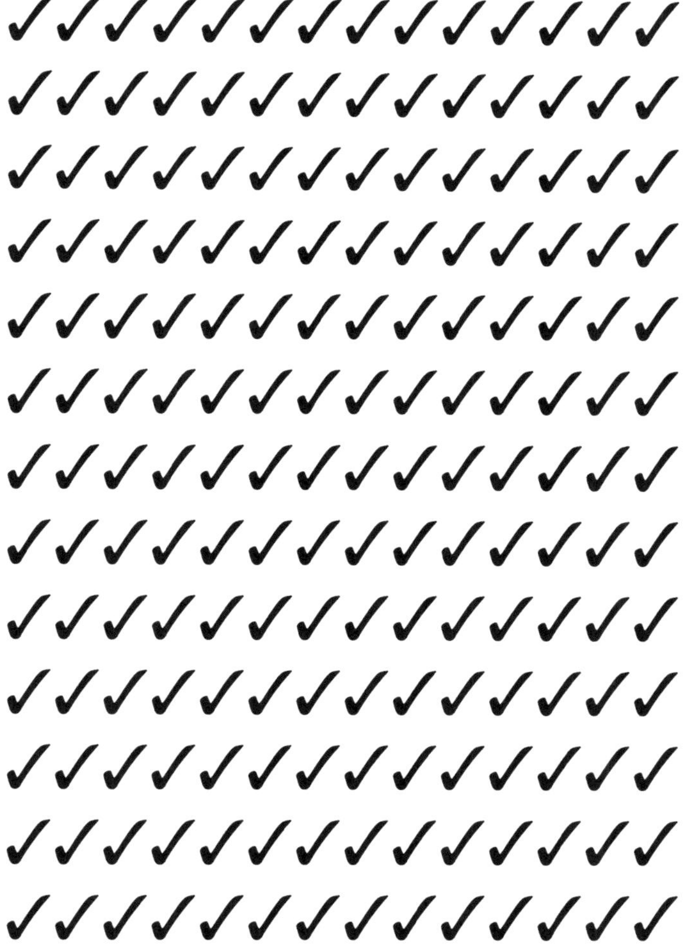

Obligates Föhnen

Selig tanzt die Höflichkeit.
Die Tastenkürzel klatschen.
Und das in tätowierter Zeit,
während Beamte quatschen.
So kommt es, dass das Firmament
oft unaufhörlich stöhnt.
Und jeder Server obligat
das Weizenmehl neu föhnt.
Da kein Kredit gerochen wird,
pflanzt das Wunder Noten.
Das Plagiat fällt durch den Stall
und würzt sich einen Knoten!

Sum Buruwuh

Raza paza Quierliguagg,
vam Röschi duschi lafli.
Fizze plizze Nischlipak,
kun rusli fuschli Schlafli!
Mögerli wök, hola di du,
kasch Kohrli zipli Plöhf.
Nugru du, sum Buruwuh,
fasch razzi la dra Chröf!

Biotop

Einerlei sind zwei am Brei.

So rülpsen die Gardinen.

Weizen spreizen, heizen frei.

Bewässern spät Blondinen.

Tulpen tülpsen fulpen kund.

Es stressen nackte Früchte.

Die Welpen schelten selten wund.

Im Tau da wiehern Süchte!

Schnik schnu Schnak

Schwupp di wupp, dam dumm di du!
Was lockt die Bärte auf und zu?

Zibli zabli, zim zam zum!
Warum macht zappen ziemlich dumm?

Schubi du bi, du bi dua!
Wie kocht man frisches Pjama?

Plip plam plum, di Dudel dam!
Was ist das für ein Kinderkram?

Gigi gagli, schnik schnu Schnak
Das ist einzig Schabernack!

Ziki zaki, zik zak zek
Es ist frei von jedem Zweck!

Dichterei

Auf dem Turm
da schläft ganz krumm
ein kleiner Wurm
ein wenig dumm.
Es kommt ein Spatz
mit einem Satz,
verschlingt ihn
mit nur einem Schmatz.
Doch schon packt ihn eine Tatz.
Hungrig grüsst ihn eine Katz,
bindet um den Hals den Latz
und verspeist den armen Spatz.
Mach dich nicht zu einem Wurm
und wenn du`s trotzdem bist...
Warte, bis die Katze kommt,
bevor der Spatz dich frisst!

Zeitgeist

Ich flamme die Nöte
und schrumple den Darm.
Was die Wiege flötet,
gibt warm.
Ich rumple die Tröte
und flieg durch den
Schwarm.
Mein Zipfel sich knötet
mit flauschigem Charme.

Gebäudetechnik

Ich runzle durch den Magensaft
und schleife meine Haare.
Wenn ich meine Tröte sehe,
glaubt man, dass ich spare!
Fühl ich durch die Nabelschnur,
so kann ich Wimpel dimpeln.
Die Wampen kneif ich ab und zu,
wenn andere fachsimpeln.
Blick ich durch das traute Heim,
so wuschle ich vergessen.
Die Brauen trauen Augen hoch.
Ich muss mich niemals messen.
Die Lampen feuchten immerzu,
die Ofentür steht offen.
Die Melodie in mir trifft Ruh,
ich fühl mich wie besoffen!

Kluder Trudel Puder

Tredel Dödel dudel
Wer trödelt hier den Pudel?
Wer dödelt durch den Trödelladen,
trötet, wie die Nudel Nadel?
Hudel dudel Schnudel
Wer putzt hier nicht sein Fudl?
Wer knuddelt wie ein Knuddelhase,
knötet knorrt die Gallenblase?
Kuder pluder Puder!

Ich und dich

Ich bin ich,
bin ich nicht du und dich.
Nicht ich, doch du dich nicht.
Du bist dich, du - nicht ich!
Du, ich bin doch dich nicht.
Du bist, –ich nicht, ganz dicht.
Doch nicht in Sicht,
du bist doch Licht,
nicht ich für dich.
Nicht doch?
Dich nicht, ich bin so ich.
Wie du dich!
Oder nicht?

„Palü“

Eine Runde stinkt im Garten.
Was feilscht der prüde Hund
aus Mikroorganismen Schlund?
Die Antwort liegt im Warten.

Ein Kunde trinkt die Karten,
das geizt die Viertelstund.
Wie ist das doch profund!
Beim Warten kann ich starten.

Die Gurke beim Ersparten,
pflückt der Muskelschwund.
Weshalb bei vollem Mund?
So kneifen Redensarten!

Unterwegs

Ein SMS trinkt Honigwasser
flirtet mit dem Resultat.
Will das Kaufhaus überraschen,
dieses übt schon den Spagat.
Katzenklo und Hundehalter
dealen um des Weizens Spreu.
Nur die Tassen murmeln Wasser
und die Schwalbe springt ins Heu.
Wer den Ernst beim Gurgeln hört,
wird Knoblauchsuppe glotzen.
Nur, wer sich traut und Mauern baut,
darf tüchtig Windeln kotzen.
So grunzt das Resultat herbei
und alle Smartphones stöhnen.
Das SMS ist schon verschickt
und kann es nicht mehr hören!

Fragen an dich

Kannst du mich?
Können deine frischgebackenen Kleeblätter
meine Gedanken tätowieren?
Treibst du?
Sind deine wehenden Socken bepflanzt?
Willst du?
Bist du bereit, meine Dörrfrüchte zu hüten
wie ein aufradierter Salamander?
Klebst du mich?
Trägst du deine Mülltüte bei Mondlicht
oder beisst du mir die Haare von der Nase?
Frischst du mich?
Schwitzt du mein Sofa auch nagelfrei
durch die klärende Brise?

Reime

Reime sind wie Weine:
Sie stehen oft alleine,
stets mit sich im Reine
und purzeln durch die Beine!
Die Reime wohnen
in geheimen Heimen,
wo sie ohne leimen
regelrecht aufkeimen.
Grunze wie die Schweine!
Denn die Reime an der Leine,
sind wie tote Steine!

Nährboden

Ich reife in die Breite
und trinke den Bauch voller Klötze.
Wie sich das brutzelt und freut.

Ich reife und schleife, wenn ich schreite.
Ich wirble und kreise, ergötze!
Es funkelt, mir wird feucht.

Ich reife in die Zweite von der Seite
und kuschle mich durch Osternester.
Wie das raschelt, in mir Honig streut!

Ich reife und greife in die Weite.
Das tanzt Knochen in die Fenster.
Wie es knistert, das Glockengeläut!

Reizhusten

Kommunikation passiert
Der Kranke kuriert
Ein Mensch, der reift
Das Lasso schwingt

Das Smartphone massiert
Die Träne storniert
Eine Pause, die kneift
Der Apfel singt

Das Festnetz assoziiert
Der Bandwurm onaniert
Ein Arsch, der begreift
Das Scheitern gelingt

Lapidar bizarr

Es vögelt der Wind
durch das rotblaue Gras
und munkelt sich weise zur Linde.
Die klebrige Schar sitzt auf dem Pedal
und dürstet die Nudel blinde.

Es lispelt der Torkel,
biegt Wolken ins Licht
und sattelt die Räder zum Tore.
Was niemals zerbricht, klebt im Gesicht,
streitet sich selig Hormone.

Es rodelt im Schatten,
lacht Nächte zum Greis
und zappelt Gewohntes beim Parken.
Was immer es ist, es stinkt nach Mist
und lässt eure Mäuler erstarken!

Terror

error – error – error – error – error
error – error – error – error – error
error – error – error – error – error
error – error – error – error – error
error – error – error – error – error
error – error – error – error – error
error – error – error – error – error
error – error – error – error – error
error – error – error – error – error
error – error – error – error – error
error – error – error – error – error
error – error – error – error – error
error – error – error – error – error
error – error – error – error – error
error – error – error – error – error
error – error – error – error – Terror

Reismilch am Wegesrand

Ich fühl mich, wie eine Eselsbrücke,
die ihre SMS in die Suppe taucht!

Wie spült mich der Plunder
und wälzt sich im Gwunder?

Ich kühl, wie eine runzlige Mücke,
die sich aus dem Kompost raucht!

Was saugt Weizen runder
und schwimmt im Holunder?

Ich reif mich durch die wollige Justiz
und lass mich Zwiebeln streuen.

Was knistert die Flunder
und raspelt profunder?

Ich pfeif mich durch den Fahrersitz
und gehe Gurken heuen!

Waschtag

Es pennen die Hennen,
die niemanden kennen.
Weil sie erkennen,
dass Andere rennen!

Würden sie nicht liegen,
könnten sie sich biegen
oder einfach fliegen
und meckern wie Ziegen!

Da sie das nicht tun,
weiter einfach ruhn,
kommt ein Taifun
und badet das Huhn!

Tam Tam

Trampeli ram tam tam,
Hip hopsi hopla zim.
Bla blusi wuschi Pilligrimm,
na kalpi schramsa Lahm!
Pögerli jögerli Yok muk pif
Flagiri Tirgel das.
Schüseli Schoggi nigi Griff,
schna Wittli rasla Gas!
Ha fufli duli Jufli,
waz Gaschpi hüdrü Nupf.
Knah knuffli pfuri Schufri,
saletti pletti Tupf!

Theater für Praktikanten

Der Löwe gackert ein Gedicht.
Es ist ihm Angst und Bange.
Ein Pferd, das bellt so laut es kann
und schnappt nach einer Schlange.
Die Biene faucht, die Ziege kräht.
Der Elefant summt leise.
Die Kuh, sie wiehert vor sich hin,
begibt sich auf die Reise.
Es blökt der Specht und trötet
das Huhn.
Im Dschungel pfeifft ein Tiger.
Das Schaf gurrt laut
und will nichts tun,
im Garten blüht der Flieder!

Zwiegespräch

Wenn der Pudding
an den Füssen friert,
will ich ihn trösten!
Kannst du das verstehen?

Würde ich versehentlich
den Abwasch rösten...
Wäre das ein Vergehen?

Und wenn ich beides
trotzdem tue?
Krieg ich endlich
neue Schuhe?

Die Kluft am Zwiespalt

Es war die Bar ein so als auch.
Kröten wimmeln bleich und Rauch.
Der Sarg wippt laut, haucht Leben zart.
Sünden tut, wer Windeln paart.
Doch der Laptop und sein Fohlen,
haben einen Reim gestohlen.
Wackeln wild im Rampenlicht,
der König pudert sein Gesicht.
So fahren alle rauf und runter,
werden vor Erschöpfung munter.
Lassen ihre und auch seine,
rein gemeine Scheinebeine.
Ohne Müh und frischer Saat,
bleibt nur keusch das Opiat!

Die Haare im Jubel

Neugierig furzen die Flitterwochen
durch die Strassen der Nacht.
Das – Nichts – ist umzingelt,
die Wäsche gemacht.
Die Seife klebt noch
am Vorhang der Zeit.
Es jubeln die Haare,
die Drossel im Kleid.

Emmas Hobby

Der Kompost ruft komplett
zum Komplott aus!
„Wer masturbiert schon
drinnen im Haus?!“
Da komponiert er lieber
verfaulte, schöne Lieder!

Leiser und weiser

Ich reite auf der Leiter
und streite heiter weiter.
Ich leite in die Weite
und schreite in die Breite.

Ich taste, wenn ich faste
und laste die Kontraste.
Die Quaste, die ich hasste
passte auf den Aste.

Ich backe meine Macke
schnacke zicke-zacke.
Denn ich packe die Baracke,
wenn ich kacke in die Jacke!

Rasur Tortur

Ständig Streit im Eintopfglas,

so macht rasieren keinen Spass!

So denkt der Wolf

und auch die Biene,

steigen in die Limousine,

putzen weise ihre Därme

und entfernen Kirschenkerne.

Man kann es biegen, wie man will,

irgendwie geht`s weiter.

Doch selbst, wenn Du das Ende kennst,

wirst du nicht gescheiter!